Outros títulos de Paulo Coelho:

O Alquimista
Brida
A bruxa de Portobello
O demônio e a srta. Prym
O diário de um mago
A espiã
Hippie
Maktub
Manual do guerreiro da luz
Na margem do rio Piedra eu sentei e chorei
Onze minutos
Veronika decide morrer
O Zahir

HENRY DRUMMOND

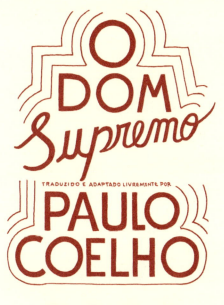

O DOM Supremo

TRADUZIDO E ADAPTADO LIVREMENTE POR

PAULO COELHO

Copyright da adaptação © 1991 by Paulo Coelho
http://paulocoelhoblog.com

Publicado mediante acordo com Sant Jordi Asociados Agencia Literaria SLU, Barcelona, Espanha.

Todos os direitos reservados.

A Editora Paralela é uma divisão da Editora Schwarcz S.A.

Grafia atualizada segundo o Acordo Ortográfico da Língua Portuguesa de 1990, que entrou em vigor no Brasil em 2009.

TÍTULO ORIGINAL The Greatest Thing in the World
CAPA Alceu Chiesorin Nunes
REVISÃO Nana Rodrigues e Luciana Baraldi

Dados Internacionais de Catalogação na Publicação (CIP)
(Câmara Brasileira do Livro, SP, Brasil)

Coelho, Paulo, 1947-
 O dom supremo / Henry Drummond ; traduzido e adaptado livremente por Paulo Coelho. — 1ª ed. — São Paulo : Paralela, 2019.

 Adaptação de: The Greatest Thing in the World.
 ISBN 978-85-8439-093-9

 1. Amor – Aspectos religiosos – Cristianismo
 I. Drummond, Henry, 1851-1897. II. Título.

17-11579   CDD-241.677

Índice para catálogo sistemático:
1. Amor : Aspectos religiosos : cristianismo 241.677

[2019]
Todos os direitos desta edição reservados à
EDITORA SCHWARCZ S.A.
Rua Bandeira Paulista, 702, cj. 32
04532-002 — São Paulo — SP
Telefone: (11) 3707-3500
editoraparalela.com.br
atendimentoaoleitor@editoraparalela.com.br
facebook.com/editoraparalela
instagram.com/editoraparalela
twitter.com/editoraparalela

Vês esta mulher?

Entrei em tua casa e não me deste água para os pés; esta, porém, regou os meus pés com lágrimas e os enxugou com os seus cabelos. Não me beijaste; ela, entretanto, desde que entrei não cessa de me beijar os pés.

Não me ungiste a cabeça com óleo, mas esta com bálsamo ungiu os meus pés.

Por isso te digo: perdoados lhe são os seus muitos pecados, porque ela muito amou; mas aquele a quem pouco se perdoa, pouco ama.

Lucas 7,44-47

No final do século passado, numa tarde fria de primavera, um grupo de homens e mulheres vindos de diversos lugares da Inglaterra se reuniu para escutar o mais famoso pregador daquela época. Estavam ansiosos para ouvir o que o homem tinha a dizer.

Mas o pregador, depois de oito meses percorrendo vários países do mundo num cansativo trabalho de evangelização, sentia-se vazio. Olhou a pequena plateia, ensaiou algumas frases e terminou por desistir. O Espírito de Deus não o havia tocado naquela tarde.

Triste, sem saber o que fazer, virou-se para um jovem missionário que estava entre os presentes. O rapaz regressara da África havia pouco tempo e talvez tivesse alguma coisa interessante para dizer.

Pediu, então, que o jovem o substituísse.

As pessoas reunidas naquele jardim em Kent ficaram um pouco desapontadas.

Ninguém sabia quem era o jovem missionário. Na verdade, ele nem era um missionário. Havia recusado sua ordenação como ministro porque não estava seguro de que aquela fosse sua verdadeira vocação.

Em busca de uma razão para viver, à procura de si mesmo, o rapaz havia passado dois anos no interior da África — entusiasmado com o exemplo de pessoas que iam atrás de um ideal.

A audiência no jardim em Kent não gostou da troca. Tinham ido até lá por causa de um pregador experiente, sábio e famoso e agora eram obrigadas a ouvir um jovem que — assim como eles — ainda lutava para encontrar a si mesmo.

Mas Henry Drummond — este era o nome do rapaz — havia aprendido algo.

Henry pediu emprestada a Bíblia de um dos presentes e leu um trecho da carta de São Paulo aos Coríntios:

*"Ainda que eu fale as línguas dos homens
e dos anjos, se não tiver Amor,
serei como o bronze que soa, ou como
o címbalo que retine.
Ainda que eu tenha o dom de profetizar
e conheça todos os mistérios e toda a ciência;
ainda que eu tenha tamanha Fé, a ponto
de transportar montanhas,
se não tiver Amor, nada serei.*

*E ainda que eu distribua todos os
meus bens entre os pobres
e ainda que entregue meu próprio
corpo para ser queimado,
se não tiver Amor,
nada disso me aproveitará.
O Amor é paciente, é benigno,
o Amor não arde em ciúmes,
não se vangloria, não se orgulha,
não se conduz inconvenientemente,
não procura seus interesses,
não se exaspera,
não se ressente do mal;
não se alegra com a injustiça,
mas regozija-se com a verdade.
Tudo sofre, tudo crê, tudo espera,
tudo suporta.*

O Amor jamais acaba.
Mas, havendo profecias, desaparecerão;
havendo línguas, cessarão;
havendo ciência, passará.
Porque em parte conhecemos,
e em parte profetizamos.

Quando, porém, vier o que é perfeito,
o que então é em parte será aniquilado.
Quando eu era menino, falava como um
menino, sentia como um menino,
pensava como um menino.
Quando cheguei a ser homem,
desisti das coisas próprias de menino.

Porque agora vemos como em espelho,
obscuramente, e então veremos face a face;

*agora conheço em parte, e então
conhecerei como sou conhecido.*

*Agora, pois, permanecem a Fé,
a Esperança e o Amor.
Estes três.
Porém, o maior deles é o Amor."*

Todos escutaram em silêncio respeitoso, mas continuavam decepcionados.

A maioria já conhecia o trecho e já havia meditado longamente sobre ele.

O rapaz podia ter escolhido algo mais original, mais palpitante.

Quando acabou de ler, Henry fechou a Bíblia, olhou para o céu, e começou a falar:

Todos nós, em algum momento, já fizemos a mesma pergunta que todas as gerações fizeram:

Qual é a coisa mais importante da nossa existência?

Queremos empregar nossos dias da melhor maneira, pois nenhuma outra pessoa pode viver por nós. Então precisamos saber: para onde devemos dirigir nossos esforços, qual o supremo objetivo a ser alcançado?

Estamos acostumados a ouvir que o tesouro mais importante do mundo espiritual é a Fé. Nesta simples palavra se apoiam muitos séculos de religião.

Consideramos a Fé a coisa mais importante do mundo? Pois bem, estamos completamente errados.

Se em algum momento acreditamos nisso, podemos deixar de acreditar.

Na passagem que acabei de ler fomos conduzidos aos primeiros tempos do Cristianismo. E, como vimos, *"permanecem a Fé, a Esperança e o Amor. Estes três. Porém, o maior deles é o Amor"*.

Não se trata de uma opinião superficial de Paulo, autor daquelas linhas. Afinal de contas, ele estava falando de Fé um momento antes. Ele dizia:

"*Ainda que eu tenha tamanha Fé, a ponto de transportar montanhas, se não tiver Amor, nada serei.*"

Paulo não fugiu do assunto; pelo contrário, comparou a Fé com o Amor. E concluiu:

"[...] o *maior deles é o Amor.*"

Deve ter sido muito difícil para ele dizer isso, afinal um homem costuma recomendar aos outros aquilo que é seu ponto forte.

O Amor não era o ponto forte de Paulo. Um estudante com senso de observação notará que, à medida que envelhecia, o apóstolo tornava-se mais tolerante, mais terno. Mas a mão que escreveu "Porém, o maior deles é o Amor", esteve muitas vezes manchada de sangue na juventude.

Além disso, essa carta aos Coríntios não é o único documento a mostrar o Amor como o *summum bonum*, o Dom Supremo. Todas as obras-primas do Cristianismo concordam nesse ponto.

Pedro diz: "Acima de tudo, porém, tende Amor intenso uns para com os outros, porque o amor cobre multidão de pecados".

E João vai mais longe: "Deus é Amor".

Podemos ler, também, em outro texto de Paulo: "O cumprimento da Lei é o Amor".

Por que Paulo disse isso? Nessa época, os homens procuravam chegar ao Paraíso cumprindo os Dez Mandamentos — e as centenas de outros mandamentos que eles haviam criado com base nas Tábuas da Lei. Cumprir a lei era tudo. Era mais importante, inclusive, que viver.

Então Cristo disse: "Eu vou mostrar a vocês uma maneira mais simples de chegar ao Pai. Se vocês aprenderem isto, podem fazer centenas de outras coisas sem medo de ofender a Deus.

Amor. Se vocês amarem, estarão cumprindo a lei, mesmo que não tenham consciência disso."

Podemos verificar por nós mesmos que esse conselho funciona.

Peguemos um mandamento qualquer: "Amar a Deus sobre todas as coisas". Eis o Amor.

"Não tomar seu santo nome em vão."

Ousaríamos falar superficialmente de alguém que amamos?

"Guardar domingos e festas."

Não ficamos muitas vezes ansiosos, esperando o dia de encontrar quem amamos para nos dedicarmos ao Amor? Então, se amamos a Deus, o mesmo há de acontecer.

O Amor exige que obedeçamos a todas as leis de Deus.

Quando um homem ama, é desnecessário exigir que honre seu pai e sua mãe ou que não mate. Para o homem que quer bem a seu próximo é uma ofensa exigir que não roube — como poderia roubar alguém que ama? E seria supérfluo pedir que não levante falso testemunho — pois jamais faria isso, como seria incapaz de desejar a pessoa que o outro ama.

Portanto, "o Amor é o cumprimento da Lei".

O Amor é a regra que resume todas as outras regras.

O Amor é o mandamento que justifica todos os outros mandamentos.

O Amor é o segredo da vida.

Paulo aprendeu isso e nos deu, na carta que lemos agora, a melhor e mais importante descrição do *summum bonum*, o Dom Supremo.

Paulo começa a comparar o amor com outras coisas que, em seu tempo, tinham muito valor para os homens.

Ele o compara com a eloquência; um dom nobre, capaz de tocar o coração e a mente dos seres humanos e estimulá-los a realizar importantes tarefas sagradas ou aventuras que vão além dos limites.

Paulo se refere aos grandes pregadores e diz: *"Ainda que eu fale as línguas dos homens e dos anjos, se não tiver Amor, serei como o bronze que soa, ou como o címbalo que retine".*

E todos nós sabemos por quê. Muitas vezes escutamos o que pareciam ser grandes ideias de transformação do mundo. Mas são palavras ditas sem emoção, vazias de Amor e por isso não nos tocam, por mais lógicas e inteligentes que pareçam.

Paulo compara o Amor à Profecia. Compara-o aos Mistérios. Compara-o à Fé. Compara-o à Caridade.

Por que o Amor é mais importante que a Fé?

Porque a Fé é apenas uma estrada que nos conduz ao Amor Maior.

Por que o Amor é mais importante que a Caridade?

Porque a Caridade é apenas uma das manifestações do Amor. E o todo é sempre mais importante que a parte. Além disso, a Caridade também é apenas uma estrada, um dos muitos caminhos que o Amor utiliza para fazer com que um homem se una a seu próximo.

E, como todos nós sabemos, existe um bocado de Caridade sem Amor. É muito fácil jogar uma moeda para um pobre na rua. Geralmente é mais fácil fazer isso que não fazê-lo.

Deixamos de nos sentir culpados pelo cruel espetáculo da miséria.

Que grande alívio por apenas uma moeda! É barato para nós e resolve o problema do mendigo.

Entretanto, se realmente amássemos aquele pobre homem, faríamos muito mais por ele.

Ou não faríamos nada. Não daríamos a moeda e — quem sabe — nossa culpa por aquela miséria poderia despertar o verdadeiro Amor.

Paulo então compara o amor ao sacrifício e ao martírio. E eu suplico àqueles que desejam algum dia trabalhar para o bem da humanidade: jamais esqueçam que, mesmo que seus corpos sejam queimados em nome de Deus, se não tiverem Amor, não adianta nada. Nada!

Vocês não podem dar nada mais importante do que o reflexo do Amor em suas vidas. Essa é a verdadeira linguagem universal, que nos permite falar chinês ou os dialetos da Índia. Se algum dia vocês forem a esses lugares, a eloquência silenciosa do Amor fará com que sejam entendidos por todos.

A mensagem de Fé de um homem está na maneira como vive sua vida, e não nas palavras que ele diz.

Há pouco tempo, estive no coração da África, perto dos Grandes Lagos. Ali, entrei em contato com homens e mulheres que se lembravam com carinho do único homem branco que conheceram: David Livingstone. E, enquanto eu seguia os passos dele pelo continente negro, o rosto das pessoas se iluminava ao me contar sobre um doutor que passara por ali três anos antes. Eles não podiam compreender o que Livingstone dizia, mas sentiam o Amor que estava presente em seu coração.

Carreguem esse mesmo Amor com vocês

e o trabalho de suas vidas estará plenamente justificado.

Quando forem falar de Deus e do mundo espiritual, vocês não podem possuir nada mais eloquente que isso. De nada adianta seguir adiante levando relatos de milagres, testemunhos de Fé, belas orações. Se vocês tiverem tudo isso e esquecerem o Amor, de nada servirá tanto esforço.

Porque vocês podem conseguir tudo, podem estar prontos para qualquer sacrifício.

Mas, se entregarem seus corpos para serem queimados e não tiverem Amor, isso não significará nada para vocês nem para a causa de Deus.

Depois de comparar o amor a tudo o que já vimos, Paulo — em três versos pequenos — faz uma surpreendente análise do que é esse Dom Supremo.

Ele nos diz que o Amor é uma coisa composta de muitas outras.

Como a luz. Aprendemos na escola que, se pegarmos um prisma e fizermos com que um raio de sol o atravesse, este raio se dividirá em sete cores.

As cores do arco-íris.

Paulo, então, pega o Amor e faz com que atravesse o prisma de sua sensibilidade, dividindo-o em seus elementos.

Ele nos mostra o arco-íris do Amor, como o prisma atravessado por um raio nos mostra o arco-íris da luz.

E quais são esses elementos? São virtudes das quais ouvimos falar todos os dias, e que podemos praticar em qualquer momento de nossas vidas.

São essas pequenas coisas, essas virtudes simples, que compõem o Dom Supremo.

O amor é composto de nove ingredientes:

Paciência: "*O Amor é paciente*",

Bondade: "*é benigno*",

Generosidade: "*o Amor não arde em ciúmes*",

Humildade: "*não se vangloria, não se orgulha*",

Delicadeza: "*não se conduz inconvenientemente*",

Entrega: "*não procura seus interesses*",

Tolerância: "*não se exaspera*",

Inocência: "*não se ressente do mal*",

Sinceridade: *"não se alegra com a injustiça, mas regozija-se com a verdade."*

Paciência. Bondade. Generosidade. Humildade. Delicadeza. Entrega. Tolerância. Inocência. Sinceridade. Essas coisas compõem o bem supremo, estão na alma do homem que deseja estar presente no mundo e próximo a Deus.

Todos esses dons estão relacionados conosco, com a nossa vida diária, com o hoje e com o amanhã, com a eternidade.

Nós sempre escutamos falar muito do Amor a Deus.

Mas Cristo nos fala do Amor ao homem.

Nós buscamos a paz nos Céus.

Cristo busca a paz na Terra.

A busca do ser humano pela resposta à sua principal pergunta — "a que devo dedicar minha existência?" — não é uma coisa estranha ou imposta.

Ela está presente em todas as civilizações, mesmo que estas não se comuniquem. Porque nasceu junto com o homem e reflete o sopro do Espírito Eterno neste mundo.

O Dom Supremo também reflete esse sopro. Não é apenas um Dom em si, mas a soma de várias atitudes e palavras do dia a dia.

O Amor é **paciência**.

Esse é o comportamento normal do Amor, esperar com calma, sem pressa, sabendo que em determinado momento ele poderá se manifestar.

O Amor está pronto para fazer seu trabalho na hora certa, mas aguarda com calma e mansidão.

O Amor é paciente. Aguenta tudo. Acredita em tudo.

Tudo espera.

Porque o Amor é capaz de entender.

Bondade. Amor ativo.

Já repararam que Cristo usou grande parte do seu tempo no mundo sendo bom para os outros, deixando as pessoas contentes?

Usou grande parte do pouco tempo que tinha na Terra para fazer felizes seus contemporâneos.

Procure pensar nisso e você notará que, embora Cristo tivesse muito o que fazer, não esqueceu de ser carinhoso com o próximo.

Existe apenas uma coisa mais importante que a felicidade: a santidade. Embora ela não esteja ao nosso alcance, fazer os outros felizes está. Deus colocou isso em nossas mãos e não nos custa quase nada.

Se olharmos com cuidado, perceberemos que não nos custa absolutamente nada.

Mesmo assim, por que relutamos em alegrar nosso próximo? A felicidade não é um bem que se multiplica em cativeiro nem é nada que diminua quando se dá. Ao contrário, somente semeando felicidade é que conseguimos aumentar nossa cota.

"A coisa mais importante que podemos fazer por um pai", disse alguém certa vez, "é ser amável com seus filhos".

Como o mundo precisa disso!

E como é fácil ser amável. O efeito é imediato e você é lembrado para sempre.

E a recompensa é abundante, pois não existe dívida mais honrada que a dívida do Amor. O Amor nunca falha.

O Amor é a verdadeira energia da vida.

Como diz Browning:

"[...] *pois a vida, com todos os seus momentos de alegria e tristeza e esperança e medo, é apenas a chance para aprender o Amor como o Amor pode ser, como foi e como é.*"

Onde existe Amor, existe o ser humano e existe Deus.

Aquele que se alegra no Amor, se alegra com o ser humano, se alegra em Deus.

Deus é Amor. Portanto: **AME!**

Sem distinção, sem hora marcada, sem adiamentos, sem medo de sofrer: **AME!**

Derrame generosamente seu Amor sobre os pobres, o que é fácil; e sobre os ricos, que desconfiam de todos e não conseguem enxergar o Amor de que tanto necessitam; e sobre seus semelhantes — o que é muito difícil. É com nossos semelhantes que somos mais egoístas. Muitas vezes *tentamos agradar*, mas o que precisamos fazer é *dar alegria*.

Dê alegria. Jamais perca uma oportunidade de alegrar o próximo, porque você será o primeiro a se beneficiar disso — mesmo que ninguém saiba o que você está fazendo. O mundo à sua volta ficará mais contente e as coisas serão muito mais fáceis para você.

Eu estou neste mundo vivendo o presente. Qualquer coisa boa que eu possa fazer, ou qualquer alegria que puder dar aos outros, por favor, digam-me. Não me deixem adiar ou esquecer, pois jamais tornarei a viver este momento.

Generosidade. "*O Amor não arde em ciúmes.*" O Amor não inveja. Arder em ciúmes significa amar competindo com o Amor dos outros.

Deixe que os outros amem. E procure amar mais ainda.

Dê a sua parte, dê o melhor de si.

Sempre que você quiser praticar uma boa ação, encontrará pessoas que fazem a mesma coisa, às vezes de uma maneira muito melhor que a sua. Não as inveje.

A inveja é dirigida àqueles que estão ao nosso lado, geralmente tentando destruir o que há de melhor neles. É o sentimento mais desprezível que um homem pode ter.

A inveja está sempre esperando para arrasar tudo o que os outros fazem; mesmo que eles façam o melhor para nós.

E a única maneira de escapar à inveja é concentrando forças no Amor.

Em vez de invejar, devemos admirar a grande, rica e generosa alma daqueles que conhecem um Amor que "não arde em ciúmes".

E então, depois de entender tudo isso, temos que aprender mais uma coisa: **humildade**. Colocar um selo em nossos lábios e esquecer nossa paciência, nossa bondade, nossa generosidade. Depois que o Amor penetrou em nossas vidas e realizou seu belo trabalho, devemos ficar quietos e não dizer nada.

O Amor se esconde, inclusive, de si mesmo.

O Amor evita a autossatisfação.

O Amor *"não se vangloria, não se orgulha"*.

O quinto ingrediente é algo que pode parecer estranho e inútil nesse arco-íris do Amor: **delicadeza**. Esse é o Amor entre os homens, o Amor na sociedade. Muitas pessoas costumam dizer que delicadeza é um sentimento supérfluo.

Não é verdade. Delicadeza é o Amor que se manifesta nas pequenas coisas.

O Amor *não consegue* ser agressivo ou inconveniente, não consegue se comportar de maneira errada. Você pode ser a pessoa mais tímida do mundo, mais despreparada para lidar com o próximo, mas, se tiver um reservatório de Amor em seu coração, sempre agirá da maneira certa.

Carlyle dizia: "Robert Burns é mais nobre que toda a nobreza da Inglaterra, porque consegue amar tudo — o rato, a margarida, todas as coisas grandes e pequenas que Deus fez".

Isso permitia a Burns conversar com qualquer pessoa, visitar palácios e dormir em cabanas.

Você sabe o que quer dizer "nobre"? Significa alguém que age de maneira digna. Esse é o mistério do Amor.

Quem possui Amor em seu coração não pode agir grosseiramente, ao passo que o falso nobre, aquele que é apenas esnobe, está preso a seus sentimentos e não consegue amar.

O Amor *"não se conduz inconvenientemente"*.

Entrega. O Amor não procura seus interesses, não busca a si mesmo.

O Amor não busca sequer aquilo que é seu.

Na Inglaterra, como em muitos outros países, os homens lutam — e com toda a razão — por seus direitos. Mas há momentos muito especiais em que podemos até mesmo abrir mão desses direitos.

Paulo, porém, não nos exige isso. Porque

ele sabe que o Amor é algo tão profundo, que quem ama ignora qualquer recompensa.

Ama-se porque o Amor é o Dom Supremo e não porque ele nos dá algo em troca.

Não é difícil abrir mão de nossos direitos — afinal de contas, eles são coisas fora de nós, ligadas à nossa relação com a sociedade. Difícil é abrir mão de nós mesmos.

Mais difícil ainda é não procurar alguma recompensa quando amamos.

Geralmente procuramos, compramos, conquistamos, merecemos, atingimos o melhor — e podemos, num gesto nobre, abrir mão da recompensa. Mas estou falando de não buscar.

Id opus est. Esta é a obra. O Amor basta a si mesmo.

"Você procura grandes coisas em sua vida?", pergunta o profeta.

"Não as procure." Por quê? Porque não existe grandeza nas coisas. As coisas não podem ser maiores do que elas mesmas. A única grandeza que existe é a entrega proporcionada pelo Amor.

Sei que é muito difícil abrir mão de uma recompensa, porém é muito mais difícil não buscar uma recompensa naquilo que fazemos.

Não, não devo falar dessa maneira. Na verdade, nada é difícil para o Amor. Acredito realmente que o fardo do Amor seja suave. O "fardo" é apenas Sua maneira de viver. E, tenho certeza, é também a maneira mais fácil de viver, porque o Amor que não busca recompensas é capaz de preencher cada minuto da existência com sua luz.

A lição mais presente em todos os ensinamentos espirituais nos diz: não existe felicidade em ter e receber; apenas em dar.

Repito: **não existe felicidade em ter e receber; apenas em dar.**

Quase todo mundo, neste momento, está seguindo uma pista falsa para chegar até a casa da felicidade. Pensa-se muito em ter e receber, em exibir, em conquistar, em ser servido pelos outros. É isso que a maioria das pessoas chama de realização.

Realização, entretanto, é dar e servir. O que quiser ser maior entre todos vocês, disse Cristo, que sirva a seu próximo. Quem quiser ser feliz deve colocar no Amor o seu encontro com a vida. O resto não tem importância.

O próximo ingrediente é a **tolerância**. O Amor *"não se exaspera"*.

Somos inclinados a julgar a intolerância como um defeito de família, uma característica de personalidade, uma distorção da natureza, quando na verdade deveríamos considerá-la uma verdadeira falha de caráter. Em razão disso, na análise que faz do Amor, Paulo cita a tolerância. E a Bíblia, em muitas outras passagens, cita a intolerância como o elemento mais destruidor da nossa maneira de agir.

O que mais me impressiona é que a intolerância, o preconceito, está sempre presente na vida de pessoas que se julgam virtuosas. Geralmente é a grande mancha numa personalidade que tinha tudo para ser gentil e nobre. Conhecemos muitas pessoas que são quase perfeitas, mas que, de repente, acham que estão certas em alguma coisa e perdem a cabeça por isso.

Essa suposta boa relação entre a virtude e a intolerância é um dos mais tristes problemas da raça humana e da sociedade.

Na verdade, existem dois tipos de pecado: os do corpo e os do espírito. Numa parábola do Novo Testamento, o Filho Pródigo abandona sua família e sai pelo mundo, enquanto o irmão mais velho fica junto ao pai. Depois de muitas desgraças, o Filho Pródigo resolve voltar e o pai dá uma grande festa em sua homenagem. Ao saber disso, o irmão mais velho revolta-se contra o pai: "Não fiquei aqui ao seu lado esse tempo todo, trabalhando, enquanto ele gastava sua herança?", pergunta.

Podemos considerar que o Filho Pródigo comete o primeiro tipo de pecado, enquanto o irmão comete o segundo. A sociedade, curiosamente, garante saber qual dos dois tipos de pecado é o pior e sua condenação cai, sem sombra de dúvida, sobre o Filho Pródigo. Mas será que estamos certos?

Não temos uma balança para pesar o pecado dos outros e "melhor" ou "pior" são apenas duas palavras de nosso vocabulário. Mas eu lhes digo: faltas mais sofisticadas podem ser muito mais graves do que as simples e óbvias.

Aos olhos Daquele que é o Amor, um pecado contra o Amor é cem vezes pior. Não existe nenhum vício, desejo, avareza, luxúria ou embriaguez que seja pior que um temperamento intolerante.

Por tornar a vida amarga,

por destruir comunidades,

por acabar com muitas relações,

por devastar lares,

por sacudir homens e mulheres de suas bases,

por tirar toda a exuberância da juventude,

por seu poder gratuito de produzir miséria, a intolerância não tem concorrentes.

Olhemos para o irmão mais velho, correto, trabalhador, paciente, responsável. Vamos dar a ele todo o crédito de suas virtudes. Olhemos para esse rapaz, para essa criança que agora se encontra na porta da casa, diante de seu pai.

"Ele se indignou", nós lemos, "e não quer entrar". Como a atitude do irmão deve ter afetado o Filho Pródigo! E quantos filhos pródigos são mantidos fora do Reino de Deus por causa dessas pessoas sem Amor, que garantem estar do lado de dentro!

Como devia estar o rosto do irmão mais velho ao dizer aquelas palavras? Coberto por uma nuvem de ciúme, raiva, orgulho, crueldade, certeza de que havia agido sempre direito. Determinação, ressentimento, falta de caridade. São esses os ingredientes dessa alma escura e sem Amor. São esses os ingredientes da intolerância e do preconceito.

E todos nós, que já sofremos esse tipo de pressão muitas vezes na vida, sabemos que esses pecados são muito mais destruidores do que os pecados do corpo.

Não falou o próprio Cristo a esse respeito quando disse que as prostitutas e os pecadores entrariam primeiro no Reino dos Céus, na frente dos sábios escribas de sua época?

Não existe lugar no Reino para os preconceituosos e os intolerantes. Um homem preconceituoso conseguiria tornar o Paraíso insuportável para si e para os outros.

Se o intolerante não nascer de novo, deixando de lado tudo aquilo que julga intocável e certo, não poderá — simplesmente *não poderá* — entrar no Reino dos Céus.

Porque, para entrar no Reino dos Céus, o homem precisa carregar o Paraíso em sua alma.

Reparem! Enquanto falava, eu me exasperei. E uma bolha da intolerância subiu, mostrando algo podre lá no fundo. Este é um grande teste para o Amor: saber que, por mais que tentemos, quase nunca conseguimos a paz necessária para que o Amor floresça. Vejam como as partes mais ocultas da alma aparecem quando baixamos a guarda. E de repente, pregando a generosidade, a humildade, a paciência, a cortesia, a entrega, me exaltei.

Cometi o vício de quem fala em virtude: a intolerância manifestou-se.

Vemos que não basta apenas falar de preconceitos ou lidar com eles. Temos que ir até onde eles se escondem, mudar o que há de mais íntimo em nossa própria natureza. Só assim os sentimentos de raiva morrerão por si mesmos. Então nossas almas se tornarão mais suaves — não porque colocamos a agressividade para fora, mas porque colocamos o Amor para dentro.

Deus é Amor. Um Amor que, ao nos penetrar, suaviza, purifica e a tudo transforma. Afasta o que está errado, renova, regenera, reconstrói o interior do homem.

O poder da vontade não transforma o homem.

O Amor, sim.

Portanto, deixem o Amor entrar. Lembrem-se: essa é uma questão de vida ou morte. De nada adianta eu estar aqui falando sobre o Amor se sou incapaz de despertá-lo. "Melhor seria que se lhe pendurasse ao pescoço uma pedra de moinho e fosse atirado ao mar do que fazer tropeçar a um desses pequeninos."

Ou seja: melhor não viver que não amar.

Melhor não viver que não amar.

Vamos falar pouco de **inocência** e **sinceridade**. As pessoas que mais nos influenciam, mais nos tocam, são aquelas que acreditam no que dizemos.

Quando ficam desconfiadas, as pessoas se retraem.

Diante da inocência, porém, todos nós crescemos. Encontramos coragem e amizade junto de quem acredita em nós.

Quem nos entende pode nos transformar.

É muito bom saber que aqui e ali ainda existem certas pessoas que não ficam ressentidas com o mal porque sabem a importância do bem que estão fazendo. Essas pessoas crescem aos olhos dos homens e de Deus. Não temem a inveja ou a indiferença. Porque o Amor "não se ressente do mal", vê sempre o lado bom, coloca o melhor de si para funcionar.

E, de novo, quem ama sai ganhando, embora não procure nenhuma recompensa. Que maravilhosa é a vida daqueles que estão sempre na luz! Que estímulo, que bênção passar um dia inteiro sem ressentir-se com mal algum.

Fazer com que as pessoas confiem em nós é estar muito perto do Amor. E só vamos conseguir isso se confiarmos nelas. O pouco que os outros podem nos ferir por causa de nossa atitude inocente não significa nada perto da alegria que vamos passar a sentir diante da vida. Não será mais necessário carregar armaduras pesadas, escudos incômodos e armas perigosas. A inocência nos protege.

Só podemos ajudar alguém se nele confiarmos. Pois o respeito pelos outros termina fazendo com que recuperemos o respeito por nós mesmos.

Se acreditarmos que alguém pode melhorar e essa pessoa sentir que a consideramos igual a nós, ela terá ouvidos para nossas palavras. E, assim, acreditará que pode se tornar melhor.

O Amor "*não se alegra com a injustiça, mas regozija-se com a verdade*". Chamei esse ingrediente de **sinceridade**.

Aquele que sabe amar, ama a Verdade tanto quanto o seu próximo. Alegra-se com a Verdade, mas não com aquela que lhe foi ensinada.

Não com a verdade das doutrinas. Nem com a verdade das igrejas.

Nem com esse ou aquele "ismo".

Ele se alegra na *Verdade*. Busca a Verdade

com a mente limpa, humilde e sem preconceitos ou intolerância — e acaba ficando satisfeito com o que encontra.

Talvez a palavra *sinceridade* não seja a melhor para explicar essa qualidade do Amor, mas não consigo encontrar nenhuma outra.

Não estou falando da sinceridade que humilha o próximo, daquela que usa o erro dos outros para mostrar quanto somos bons. O verdadeiro Amor não consiste em expor aos outros sua fraqueza, mas em aceitar tudo, alegrar-se ao ver que as coisas são melhores do que os outros disseram.

Chega de analisar o amor. Agora temos que nos esforçar para incorporar todos esses ingredientes.

Este deve ser nosso objetivo no mundo: aprender a amar.

A vida nos oferece milhares de oportunidades para aprender a amar. Todo homem e toda mulher, em todos os dias de suas vidas, têm sempre uma boa oportunidade de entregar-se ao Amor. A vida não é um longo feriado, mas um constante aprendizado.

E a mais importante lição é: aprender a amar. Amar cada vez melhor.

O que faz do homem um grande artista, um grande escritor, um grande músico?
Prática.

O que faz do homem um grande homem?
Prática. Nada mais.

O crescimento espiritual aplica as mesmas leis usadas pelo corpo e pela alma. Se um homem não exercita seu braço, jamais terá músculos. Se não exercita sua alma, jamais terá um caráter forte, nem ideais nem a beleza do crescimento espiritual.

O Amor não é um momento de entusiasmo.

O Amor é uma rica, forte e generosa expressão de nossas vidas — a personalidade do homem em seu mais completo desenvolvimento.

E, para construir isso, precisamos de uma prática constante.

O que fazia Cristo na carpintaria?

Praticava.

Embora perfeito, aprendia — todos nós já lemos sobre isso. E assim ele crescia em sabedoria, para Deus e para os homens.

Procure ver o mundo como um grande aprendizado de Amor e não fique lutando contra aquilo que acontece em sua vida. Não reclame por precisar estar sempre atento, ser obrigado a viver em ambientes mesquinhos, cruzando com almas pouco desenvolvidas.

Essa foi a maneira que Deus encontrou para você **praticar**.

E não se assuste com as tentações. Não se surpreenda com o fato de elas estarem sempre à sua volta e não se afastarem — apesar de tanto esforço e tanta prece. É dessa maneira que Deus trabalha sua alma.

Tudo isso o está ensinando a ser paciente, humilde, generoso, devotado, delicado, tolerante. Não afaste a Mão que esculpe sua imagem, porque essa Mão também mostra seu caminho.

Esteja certo de que você fica mais belo a cada minuto que passa — e, embora não perceba, dificuldades e tentações são as ferramentas utilizadas por Deus.

Lembre-se das palavras de Goethe: *"O talento se desenvolve na solidão; o caráter, no rio da vida"*.

O talento se desenvolve na solidão; a prece, a Fé, a meditação, a visão clara da vida.

Mas o caráter só pode crescer se fizermos parte do mundo.

Porque é no mundo que aprendemos a amar.

Pois bem. Mostrei alguns aspectos do Amor para facilitar nossa compreensão a respeito de Deus e do próximo.

Mas são apenas aspectos. O Amor jamais poderá ser definido.

A luz é muito mais do que a soma de seus componentes — é algo que brilha, fulgurante, no espaço.

E o Amor é muito mais do que a soma de

todos os seus ingredientes — é uma coisa viva, palpitante, divina.

Se misturarmos todas as cores do arco-íris, tudo o que conseguiremos criar será a cor branca — não conseguiremos fazer a luz.

Da mesma maneira, ao sintetizar todas as virtudes das quais falamos, podemos nos tornar virtuosos, mas isso não quer dizer que tenhamos aprendido a amar.

Então, como vamos trazer o Amor para dentro de nossos corações?

Vamos trabalhar nossa vontade, para mantê-lo sempre próximo.

Vamos tentar copiar os que aprenderam a amar.

Vamos esquecer todas as regras que nos ensinaram sobre o que é o Amor, inclusive estas minhas palavras.

Vamos orar. Vamos vigiar.

Nada disso, porém, vai nos fazer amar, porque o Amor é um **efeito**. E só ao conhecermos a causa, o efeito se manifesta.

Devo dizer qual é essa causa?

Ao ler a versão revista da Primeira Epístola de João, encontramos as seguintes palavras:

"Nós amamos porque Ele nos amou primeiro."

Está escrito: "nós amamos", e não "nós O amamos", como traduziram antes, de maneira errada.

"Nós amamos porque Ele nos amou primeiro." Reparem na palavra **porque**.

Esta é a causa a que me refiro.

Porque Ele primeiro nos amou, o efeito — consequentemente — é que nós amamos.

Somos todos manifestações do Amor. Amamos a Ele, amamos a nós mesmos, amamos a todos.

É assim. Nosso coração vai aos poucos se transformando. Contemplem o Amor que lhes é dado e saberão amar.

Você não pode obrigar a si mesmo — nem qualquer outra pessoa — a amar. Tudo o que pode fazer é olhar o Amor, apaixonar-se por ele e copiá-lo.

Ame o Amor. Olhe o grande sacrifício que Ele propôs a si mesmo. Ao amá-Lo, você se tornará como Ele.

O Amor produz Amor.

Se você colocar uma peça de ferro numa fonte de eletricidade, levará um choque. É um processo de indução. Se a colocar perto de um ímã, esta peça também se transformará em um ímã enquanto estiver ali.

Permaneça perto de Quem nos amou e você será imantado por esse Amor.

Qualquer homem que buscar esta causa terá o seu efeito.

Tente livrar-se do preconceito de que a busca espiritual existe por acaso, por capricho ou por nosso gosto por mistério. Ela está aí por causa de uma lei natural — ou melhor, espiritual, porque é uma lei divina.

Edward Irving foi visitar um menino que

estava morrendo. Ao entrar no quarto, colocou a mão em sua testa e disse: "Garoto, Deus te ama."

Não disse mais nada. Saiu em seguida.

O garoto levantou-se, chamando todas as pessoas da casa e gritando: "Deus me ama! Deus me ama!" A mudança foi completa; a certeza de que Deus o amava lhe deu forças, destruiu o que havia de mal e possibilitou sua transformação.

Da mesma maneira, o Amor derrete o mal que existe no coração de um homem e o transforma em uma nova criatura — paciente, humilde, tolerante, gentil, devotada e sincera.

Não existe nenhuma outra maneira de conseguir amar — tampouco há qualquer mistério nisso. Nós amamos os outros, amamos a nós mesmos, amamos nossos inimigos, porque, primeiro, fomos amados por Ele.

Resta pouco a acrescentar sobre as razões que levaram Paulo a considerar o Amor o Dom Supremo.

Falta apenas analisar a principal razão. Algo muito importante, que pode ser resumido numa frase curtíssima:

O Amor permanece.

"*O Amor*", insiste Paulo, "*jamais acaba.*" Então ele nos dá mais uma de suas maravilhosas listas. Fala de assuntos que eram importantes em sua época. Coisas que todos garantiam ser eternas.

E mostra como todas elas são frágeis, temporárias, agonizantes.

"Havendo profecias, desaparecerão."
Naquele tempo, o sonho de todas as mães era que seus filhos se tornassem profetas. Durante séculos e séculos Deus havia escolhido falar ao mundo por meio dos profetas e estes eram mais poderosos que os reis. Os homens esperavam, aflitos, que chegasse um novo mensageiro do Alto e o honravam quando ele aparecia.

Paulo é implacável: *"Havendo profecias, desaparecerão"*.

A Bíblia está repleta de profecias. Mas, na medida em que foram se transformando em realidade, perderam seu verdadeiro sentido. Desapareceram como profecias para se tornar apenas o alimento da fé de homens piedosos.

Então, Paulo fala sobre as línguas: "*Havendo línguas, cessarão*".

Tanto quanto sabemos, já se passaram milhares de anos desde que as primeiras línguas surgiram sobre a face da Terra. Elas ajudaram o homem a se organizar, crescer e sobreviver num mundo perigoso e hostil. Onde estão essas línguas?

Desapareceram.

Os egípcios construíram pirâmides e gravaram sua escrita em monumentos que permanecem até hoje. Ainda existem como nação, mas sua língua original desapareceu.

Considere esses exemplos como quiser — inclusive no sentido literal.

Embora não fosse essa a principal preocupação de Paulo, pelo menos podemos entender melhor o que ele estava falando. A Carta aos Coríntios, que lemos e que discutimos durante todo este tempo, foi escrita originalmente em grego antigo.

Se fôssemos até a Grécia com o texto original, pouquíssimas pessoas seriam capazes de decifrá-lo.

Há 1500 anos, o latim dominava o mundo. Hoje não significa mais nada. Reparem nas línguas indígenas: estão desaparecendo. As línguas originais do País de Gales e da Escócia estão morrendo diante de nossos olhos.

O livro mais popular da Inglaterra — com exceção da Bíblia — é *As aventuras do Sr. Pick-*

wick, de Charles Dickens. Foi quase todo escrito num inglês falado pelas pessoas nas ruas. Estudiosos nos garantem que, em cinquenta anos, este livro será ilegível para o leitor comum.

Então Paulo vai mais longe e acrescenta, com ênfase: *"Havendo ciência, passará."*

Onde está a ciência dos antigos? Sumiu por completo. Hoje, um menino de escola secundária conhece muito mais coisas do que Sir Isaac Newton — que descobriu a Lei da Gravidade — conhecia em sua época. O jornal que nos traz as novidades da manhã é jogado fora quando chega a noite. Compramos enciclopédias de dez anos atrás por apenas alguns tostões — porque as conquistas científicas que estão em suas páginas já foram completamente ultrapassadas.

Reparem como a carruagem puxada a cavalo foi substituída pelo vapor. E como a eletricidade, por sua vez, ameaça superar o vapor, relegando ao esquecimento centenas de invenções que apenas acabaram de nascer. Uma das maiores autoridades dos dias de hoje, Sir William Thomson, garante: "O motor a vapor em breve deixará de existir".

"*Havendo ciência, passará.*"

Vemos no fundo dos quintais algumas rodas velhas, peças quebradas, objetos de ferro corroídos pela ferrugem. Vinte anos atrás, essas mesmas peças faziam parte de objetos que enchiam seu dono de orgulho.

Agora não representam mais nada, a não ser um estorvo do qual não conseguimos nos livrar.

Toda a ciência e toda a filosofia de nossa época, de que tanto nos orgulhamos, um dia envelhecerão.

Alguns anos atrás, a maior autoridade de Edimburgo era Sir James Simpson, o descobridor do clorofórmio e o precursor da anestesia. Recentemente, o bibliotecário da universidade onde Sir James Simpson lecionava pediu ao sobrinho do cientista que se livrasse dos livros do tio. Estes já não tinham qualquer interesse para os novos estudantes.

O sobrinho disse ao bibliotecário: "Não são apenas os livros de meu tio. Qualquer livro científico com mais de dez anos deve ser levado para o porão".

Sir James Simpson era uma pessoa mundialmente importante; cientistas de todas as partes do planeta vinham consultá-lo.

Entretanto, suas descobertas — e quase todos os outros achados de sua época — foram superadas.

"Porque agora vemos como em espelho, obscuramente."

Vocês podem me dizer algo que permaneça para sempre? Paulo deixou de mencionar muitas coisas. Não falou em dinheiro, fortuna, fama; limitou-se apenas às coisas importantes de seu tempo, às coisas a que se dedicavam os melhores homens de sua época. E as colocou, decididamente, de lado.

Paulo nada tem contra as coisas em si; não falou mal delas. Tudo o que disse foi que elas não durariam. Eram coisas importantes, mas não eram dons supremos.

Existia algo além delas.

O que somos é mais do que aquilo que fazemos e muito mais do que aquilo que possuímos. Muitas coisas que os homens chamam de pecado não são pecados; são sentimentos e deslizes que desaparecem rápido.

Efêmeros.

Esse é um argumento favorito do Novo Testamento. João não nos diz que o mundo está errado; diz que "passará".

Existem muitas coisas no mundo que são belas; coisas que nos entusiasmam e nos engrandecem.

Mas não vão durar. Todo o reino deste mundo, o deslumbramento de visão, os prazeres da carne, o orgulho — tudo existe apenas por um breve momento.

Por isso, não deixe que seu Amor se prenda às coisas do mundo. Nada que o mundo contém vale a dedicação e o tempo de uma alma imortal. A alma imortal deve entregar-se a algo imortal.

E as únicas coisas imortais são "*a Fé, a Esperança e o Amor*".

Alguns podem dizer, inclusive, que duas

dessas coisas também passam: a Fé, quando sentimos e vivemos a presença de Deus, e a Esperança, quando é satisfeita e preenchida.

Mas, com toda a certeza, o Amor continuará presente.

Deus, o Eterno Deus, é Amor. Busquem, portanto, o Amor — este momento eterno, a única coisa que vai permanecer quando a própria raça humana tiver chegado ao fim de seus dias. O Amor será sempre a única moeda corrente aceita no Universo, quando todas as outras moedas, de todas as nações, tiverem perdido seu uso e seu valor.

Se vocês querem se entregar a muitas coisas, entreguem-se primeiro ao Amor — e tudo o mais lhes será acrescentado. Deem a cada coisa apenas o seu devido valor.

Deem a cada coisa apenas o seu devido valor.

Permitam pelo menos que o grande objetivo de suas vidas seja conseguir forças suficientes para defender essa ideia e construir uma existência usando o Amor como principal referência. Como fez Cristo, que construiu toda a sua com base no Amor.

Eu comentava que o Amor é eterno. Já repararam como João o associa, várias vezes, à vida eterna? Quando eu era criança, me diziam que "Deus amou o mundo de tal maneira que deu seu Filho Unigênito para que todo que Nele crê não pereça, mas tenha a vida eterna".

Lembro-me bem de que os mais velhos diziam que Deus amou tanto o mundo e que, se confiássemos Nele, teríamos paz, descanso, alegria e segurança. Tive que descobrir por mim mesmo que não era bem assim. Que, na verdade, todos aqueles que confiassem Nele — isto é, que O amassem, pois a confiança é uma avenida pela qual o Amor caminha — teriam, isto sim, a vida eterna.

Os textos sagrados nos falam de uma nova vida. Não ofereça ao próximo apenas a paz, o descanso ou a segurança. Em vez disso, conte como Cristo veio ao mundo para dar ao homem uma vida mais cheia de Amor — e, por isso mesmo, abundante em salvação, longa o suficiente para que possamos nos dedicar ao aprendizado do Amor.

Só assim as palavras do Evangelho fazem sentido e podem tocar o corpo, a alma e o espírito, dando a cada uma dessas partes orientação e finalidade.

Muitos dos textos espirituais que vemos hoje são dirigidos apenas a uma parte do homem.

Oferecem paz, mas não falam em vida.

Discutem a Fé e esquecem o Amor.

Contam sobre a Justiça e não tocam na Revelação.

E o homem acaba se afastando da busca espiritual, porque esta foi incapaz de mantê-lo em sua trilha.

Não cometamos esses erros. Que fique sempre claro para nós que só o Amor Total pode competir com o amor deste mundo.

Amar abundantemente é viver abundantemente.

Amar para sempre é viver para sempre. A vida eterna está completamente acorrentada ao Amor.

Por que queremos viver para sempre? Porque desejamos que o dia de amanhã nos traga alguém que amamos. Porque queremos conviver mais um dia com a pessoa que está ao nosso lado. Porque queremos encontrar alguém que mereça nosso Amor e que, por sua vez, saiba nos amar como achamos que merecemos.

Por isso, quando um homem não tem ninguém que o ame, sente uma profunda vontade de morrer. Enquanto ele tiver amigos, gente que ele ama e que o ama, ele viverá.

Porque viver é amar.

Até mesmo o amor por um animal de estimação — um cachorro, por exemplo — pode justificar a vida de um ser humano. Mas se ele não tiver mais esse laço de Amor com a vida, desaparecerá também qualquer razão para continuar vivendo.

A "energia da vida" falhou.

Participar da vida eterna significa conhecer o Amor. Deus é Amor. João diz: "Estamos no verdadeiro, em seu Filho. Este é o verdadeiro Deus e a vida eterna".

Seja qual for sua crença ou sua Fé, busque primeiro o Amor. E o resto lhe será acrescentado.

Pois o Amor precisa ser eterno. Porque Deus o é.

Amor é vida.

O Amor nunca falha e a vida não falhará enquanto houver Amor.

É isto que Paulo nos mostra: que, no fundo de todas as coisas criadas, o Amor está presente como o Dom Supremo — porque o Amor permanece, enquanto as coisas acabam.

O Amor está aqui, existe em nós agora, neste momento. Não é algo que nos será dado depois que morrermos. Ao contrário, teremos pouquíssimas chances de aprender o Amor quando estivermos velhos se não o buscarmos e o praticarmos agora.

O pior destino que um homem pode ter é viver e morrer sozinho, sem amar e ser amado.

Quem ama está salvo.

Quem não ama nem é amado está condenado.

E aquele que se alegra no Amor, se alegra em Deus, porque Deus é Amor.

Estou quase acabando este longuíssimo sermão. Mas, antes, quero fazer uma proposta: quantos de vocês querem juntar-se a mim para ler esse trecho da carta aos Coríntios pelo menos uma vez por semana?

Quem quiser, que o faça durante os próximos três meses. Um homem fez isso e mudou completamente sua vida.

Ou então vocês podem começar por ler essa epístola uma vez ao dia, principalmente os versos que descrevem a maneira de agir que combina com o Amor:

"*O Amor é paciente, é benigno, o Amor não arde em ciúmes.*"

Coloquem esses ingredientes na vida de vocês. A partir daí, tudo o que fizerem passará a ser eterno. Vale a pena dedicar um pouco de tempo para aprender a arte de amar.

Nenhum homem se torna santo enquanto dorme; é necessário rezar, meditar.

Da mesma maneira, qualquer melhora, em qualquer sentido, requer preparação e cuidados.

Exijam de si mesmos viver uma vida plena e correta. Se olharem para trás, perceberão que os melhores e mais importantes momentos da vida foram aqueles em que o espírito do Amor esteve presente.

Quando olhamos para nosso passado — e não nos detemos nos prazeres transitórios da vida —, notamos que os momentos marcantes de nossa existência foram aqueles em que vivemos o Amor; ou que, escondidos, fizemos algo de bom para alguém. Coisas às vezes tolas demais para serem contadas, mas que, por frações de segundo, nos fizeram sentir como se estivéssemos mergulhados na eternidade.

Já vi quase todas as belas coisas que Deus criou. Já desfrutei quase todos os prazeres que um homem pode ter. Mesmo assim, ao olhar meu passado, sobram apenas quatro ou cinco momentos — geralmente muito curtos — em que pude fazer uma pobre imitação do Amor de Deus.

São esses momentos que justificam minha vida. Todo o resto é passageiro. Qualquer outro bem ou virtude são apenas ilusão. Esses pequenos atos de Amor que ninguém reparou, que ninguém conhece, justificam minha vida.

Porque o Amor permanece.

Mateus nos dá uma descrição clássica do Juízo Final: o Filho do Homem senta-se em um trono e separa, como um pastor, os cabritos das ovelhas.

Nesse momento, a grande pergunta do ser humano não será: "Como eu vivi?"

Será, isto sim: "Como amei?"

O teste final de toda busca da salvação será o Amor. Não será levado em conta o que fizemos, em que acreditamos, o que conseguimos.

Nada disso nos será cobrado. O que nos será cobrado: nossa maneira de amar o próximo.

Os erros que cometemos nem sequer serão lembrados. Seremos julgados pelo bem que deixamos de fazer. Pois manter o Amor trancado dentro de nós é ir contra o espírito de Deus, é a prova de que nunca O conhecemos, de que Ele nos amou em vão, de que Seu Filho morreu inutilmente.

Deixar de amar significa dizer que Deus jamais inspirou nossos pensamentos, nossas vidas, e que nunca chegamos perto Dele o suficiente para sermos tocados por Seu exuberante Amor. Significa que:

"Eu vivi por mim mesmo, pensei por mim mesmo,
por mim mesmo, e ninguém mais —

como se Jesus jamais tivesse vivido,
como se Ele jamais tivesse morrido."

É diante de Deus que as nações do mundo serão reunidas. É na presença de todos os outros homens que seremos julgados.

E cada homem julgará a si mesmo.

Ali estarão presentes aqueles que encontramos e ajudamos. Ali também vão estar aqueles que desprezamos e negamos. Não há necessidade de chamar qualquer testemunha, pois nossa própria vida se encarregará de mostrar, na frente de todos, o que fizemos.

Nenhuma outra acusação — além da falta de Amor — será proferida.

Não se enganem; as palavras que ouviremos nesse dia não virão da teologia, não virão dos santos, não virão das igrejas.

Virão dos famintos e dos pobres.

Não virão dos credos e das doutrinas. Virão dos desnudos e desabrigados.

Não virão das Bíblias e dos livros de orações.

Virão dos copos de água que demos ou deixamos de dar.

Quem é Cristo?

É aquele que alimentou os pobres, vestiu os nus e visitou os doentes.

Onde está Cristo?

"Todo aquele que receber uma criancinha destas em meu nome, também me recebe."

E quem está com Cristo? Aquele que ama.

Quando o rapaz acabou de falar, o sol já havia se posto. As pessoas se levantaram em silêncio e foram para suas casas. Nunca mais, pelo resto de suas vidas, esqueceriam aquele dia. Haviam sido tocadas pelo Dom Supremo e desejaram, naquele instante, que aquela tarde fosse lembrada por muito tempo.

"Embora não possa ser lembrada para sempre", pensou um deles.

Porque, como bem dissera o rapaz, só o Amor permanece.

Sobre o autor

HENRY DRUMMOND nasceu na Grã-Bretanha, em 1851. Ainda jovem, decidiu percorrer o mundo em busca do sentido da vida. Embora pregasse em pequenas comunidades desde os 22 anos, recusou-se sistematicamente a entrar para o clero, optando por se dedicar ao ensino de ciências naturais em Glasgow. *The Greatest Thing in the World*, lançado em 1890, é seu trabalho mais importante e ficou conhecido em todo o mundo como um dos mais belos textos já escritos sobre o Amor.

TIPOGRAFIA Adriane por Marconi Lima
DIAGRAMAÇÃO Osmane Garcia Filho
PAPEL Pólen Bold, Suzano S.A.
IMPRESSÃO Geográfica, agosto de 2019

A marca FSC® é a garantia de que a madeira utilizada na fabricação do papel deste livro provém de florestas que foram gerenciadas de maneira ambientalmente correta, socialmente justa e economicamente viável, além de outras fontes de origem controlada.